Impressum
Verlag: BABADADA GmbH, Nedderfeld 112 , 22529 Hamburg
Geschäftsführer / Verlagsleitung: Harald Hof
Druck: Books on Demand GmbH, In de Tarpen 42, 22848 Norderstedt

Imprint
Publisher: BABADADA GmbH, Nedderfeld 112 , 22529 Hamburg, Germany
Managing Director / Publishing direction: Harald Hof
Print: Books on Demand GmbH, In de Tarpen 42, 22848 Norderstedt, Germany

skola

skola

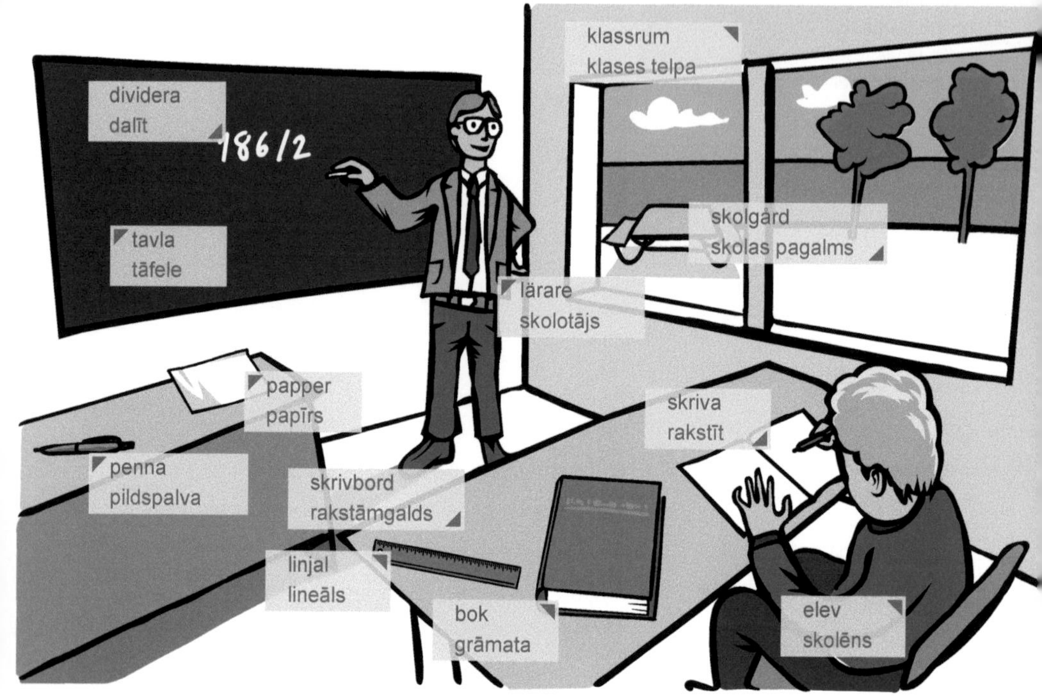
klassrum
klases telpa
dividera
dalīt
186/2
tavla
tāfele
skolgård
skolas pagalms
lärare
skolotājs
papper
papīrs
skriva
rakstīt
penna
pildspalva
skrivbord
rakstāmgalds
linjal
lineāls
bok
grāmata
elev
skolēns

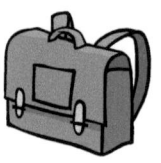

skolväska

skolas soma

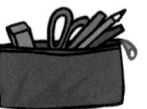

pennfodral

penālis

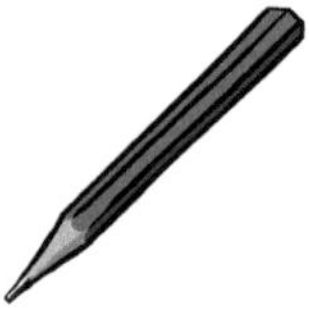

blyertspenna

zīmulis

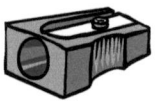

pennvässare

zīmuļu asināmais

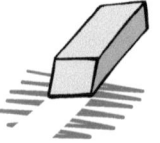

suddgummi

dzēšgumija

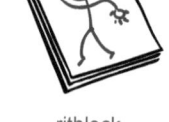

ritblock

zīmēšanas bloks

teckning

zīmējums

pensel

ota

målarlåda

krāsas

sax

šķēres

lim

līme

övningsbok

darba burtnīca

hemläxa

mājas darbs

tal

skaitlis

addera

saskaitīt

subtrahera

atņemt

multiplicera

reizināt

räkna

rēķināt

bokstav

burts

alfabet

alfabēts

ord

vārds

text

teksts

läsa

lasīt

krita

krīts

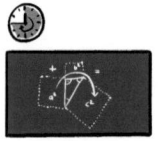

lektion

mācību stunda

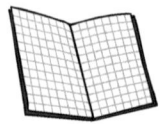

register

žurnāls

prov

eksāmens

intyg

liecība

skoluniform

skolas forma

utbildning

izglītība

uppslagsverk

enciklopēdija

universitet

universitāte

mikroskop

mikroskops

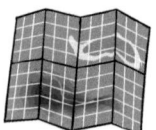

karta

karte

papperskorg

papīrgrozs

hotell
viesnīca

Grand

vandrarhem
hostelis

ROOMS

EXCHANGE

växelkontor
valūtas maiņas punkts

resväska
čemodāns

bil
automašīna

språk

Valoda

ja / nej

jā / nē

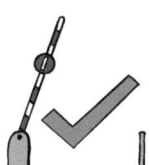

Okay

Okay

hej

Sveiki!

översättare

tulks

Tack

paldies

hur mycket kostar…?

Cik maksā…?

jag förstår inte

Es nesaprotu

problem

problēma

God kväll!

Labvakar!

God morgon!

Labrīt!

God natt!

Ar labu nakti!

hejdå

Uz redzēšanos

riktning

virziens

bagage

bagāža

väska

soma

ryggsäck

mugursoma

gäst

viesis

rum

istaba

sovsäck

guļammaiss

tält

telts

turistinformation

tūrisma informācija

strand

pludmale

kreditkort

kredītkarte

frukost

brokastis

lunch

pusdienas

middag

vakariņas

biljett

biļete

hiss

lifts

frimärke

pastmarka

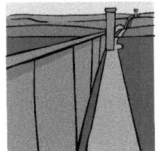

gräns

robeža

tull

muita

ambassad

vēstniecība

visum

vīza

pass

pase

transport
transports

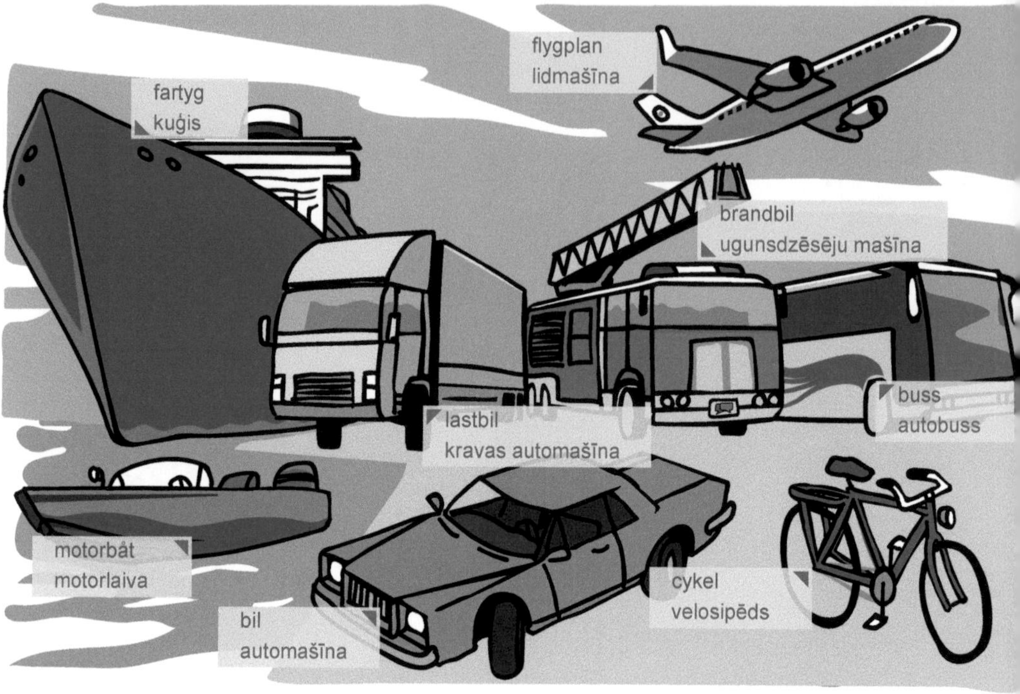
flygplan
lidmašīna
fartyg
kuģis
brandbil
ugunsdzēsēju mašīna
buss
autobuss
lastbil
kravas automašīna
motorbåt
motorlaiva
cykel
velosipēds
bil
automašīna

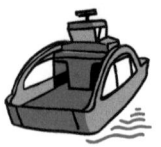

färja

prāmis

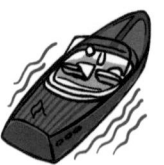

båt

laiva

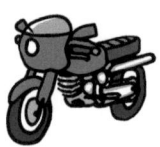

motorcykel

motocikls

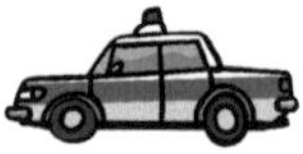

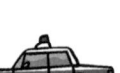

polisbil

policijas automašīna

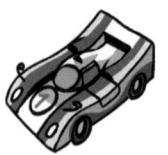

racerbil

sacīkšu automobilis

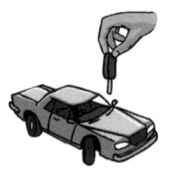

hyrbil

nomas auto

bilpool

auto koplietošana

bärgningsbil

evakuators

sopbil

atkritumu mašīna

motor

dzinējs

bränsle

benzīns

bensinstation

degvielas uzpildes stacija

vägmärke

ceļa zīme

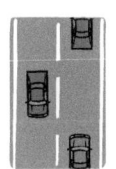

trafik

satiksme

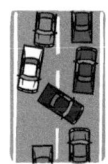

bilkö

sastrēgums

parkeringsplats

stāvvieta

tågstation

dzelzceļa stacija

räls

sliedes

tåg

vilciens

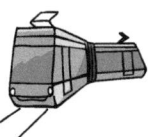

spårvagn

tramvajs

vagn

vagons

helikopter

helikopters

flygplats

lidosta

torn

tornis

passagerare

pasažieris

container

konteiners

kartong

kaste

vagn

ratiņi

korg

grozs

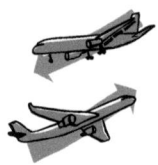

starta / landa

pacelties / nosēsties

stad

pilsēta

by

ciems

centrum

pilsētas centrs

hus

māja

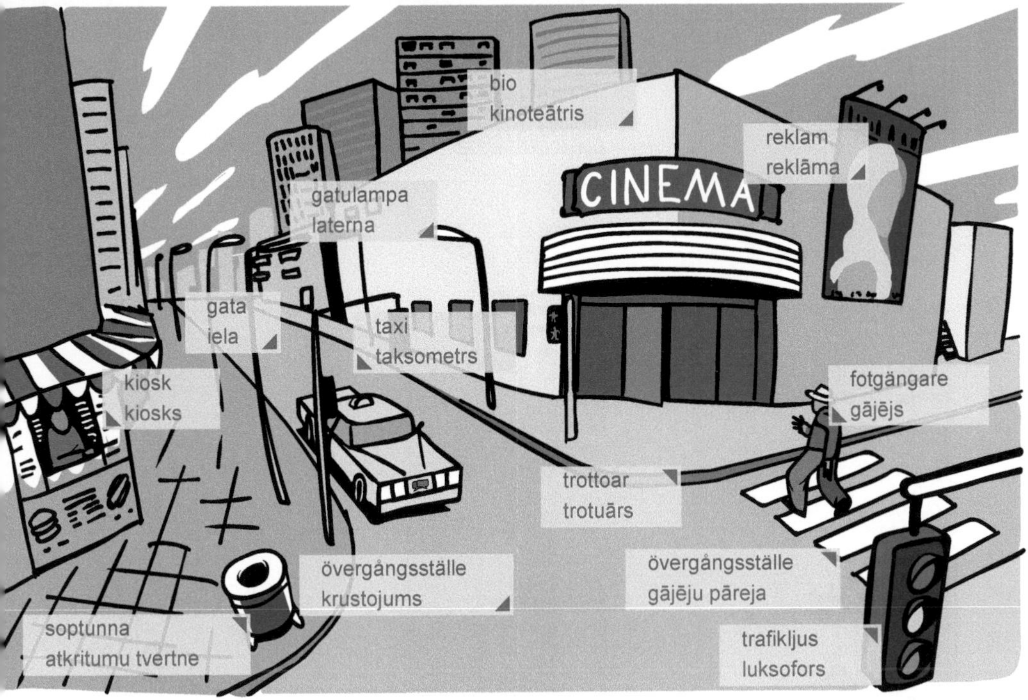

bio
kinoteātris
CINEMA
reklam
reklāma
gatulampa
laterna
gata
iela
taxi
taksometrs
kiosk
kiosks
fotgängare
gājējs
trottoar
trotuārs
övergångsställe
krustojums
övergångsställe
gājēju pāreja
soptunna
atkritumu tvertne
trafikljus
luksofors

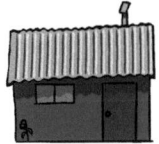

stuga

būda

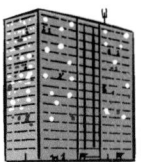

lägenhet

dzīvoklis

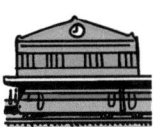

tågstation

dzelzceļa stacija

stadshus

rātsnams

MUSEUM

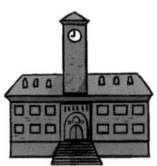

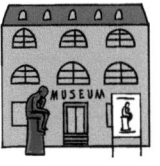

museum

muzejs

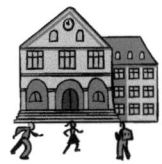

skola

skola

universitet

universitāte

bank

banka

sjukhus

slimnīca

hotell

viesnīca

apotek

aptieka

kontor

birojs

bokhandel

grāmatnīca

affär

veikals

blomsterbutik

ziedu veikals

stormarknad

lielveikals

marknad

tirgus

varuhus

tirdzniecības centrs

fiskhandlare

zivju tirgotājs

köpcentrum

tirdzniecības centrs

hamn

osta

park

parks

bänk

sols

brygga

tilts

trappa

kāpnes

tunnelbana

metro

tunnel

tunelis

busshållplats

autobusa pieturvieta

bar

bārs

restaurang

restorāns

brevlåda

pastkastīte

gatuskylt

ielas nosaukuma plāksne

parkeringsautomat

stāvlaika skaitītājs

zoo

zooloģiskais dārzs

simbassäng

peldbaseins

moské

mošeja

bondgård

zemnieku saimniecība

förorening

vides piesārņojums

kyrkogård

kapsēta

kyrka

baznīca

lekplats

spēļu laukums

tempel

templis

landskap

ainava

löv
lapa

vägskylt
ceļrādis

väg
ceļš

äng
pļava

sten
akmens

liftare
ceļotājs

träd
koks

flod
upe

gräs
zāle

blomma
puķe

dal

ieleja

kulle

kalns

sjö

ezers

skog

mežs

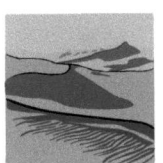

öken

tuksnesis

vulkan

vulkāns

slott

pils

regnbåge

varavīksne

svamp

sēne

palm

palma

mygga

moskīts

fluga

muša

myra

skudra

bi

bite

spindel

zirneklis

landskap - ainava

skalbagge

vabole

groda

varde

ekorre

vāvere

igelkott

ezis

hare

zaķis

uggla

pūce

fågel

putns

svan

gulbis

vildsvin

meža cūka

rådjur

briedis

älg

alnis

damm

aizsprosts

vindkraftverk

vēja ģenerators

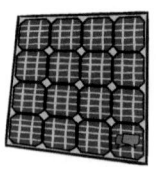

solcellspanel

saules baterija

klimat

klimats

servitör
viesmīlis

meny
ēdienkarte

stol
krēsls

soppa
zupa

pizza
pica

bestick
galda piederumi

bordsduk
galdauts

förrätt
uzkoda

huvudrätt
pamatēdiens

dessert
deserts

drycker
dzērieni

mat
ēdiens

flaska
pudele

snabbmat

ātrās uzkodas

street food

ielu uzkodas

tekanna

tējkanna

sockerskål

cukurtrauks

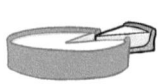

portion

porcija

espressomaskin

espresso kafijas automāts

barnstol

bāra krēsls

räkning

rēķins

bricka

paplāte

kniv

nazis

gaffel

dakša

sked

karote

tesked

tējkarote

servett

salvete

glas

glāze

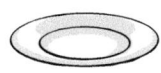

tallrik

šķīvis

sopptallrik

zupas šķīvis

tefat

apakštase

sås

mērce

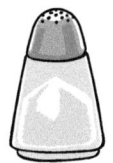

saltkar

sāls trauciņš

pepparkvarn

piparu dzirnaviņas

vinäger

etiķis

olja

eļļa

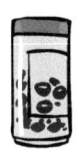

kryddor

garšvielas

ketchup

kečups

senap

sinepes

majonnäs

majonēze

stormarknad
lielveikals

specialerbjudande
piedāvājums
FOR
kund
klients
mejeriprodukter
piena produkti
frukt
augļi
varukorg
iepirkumu ratiņi

BUTCHERS

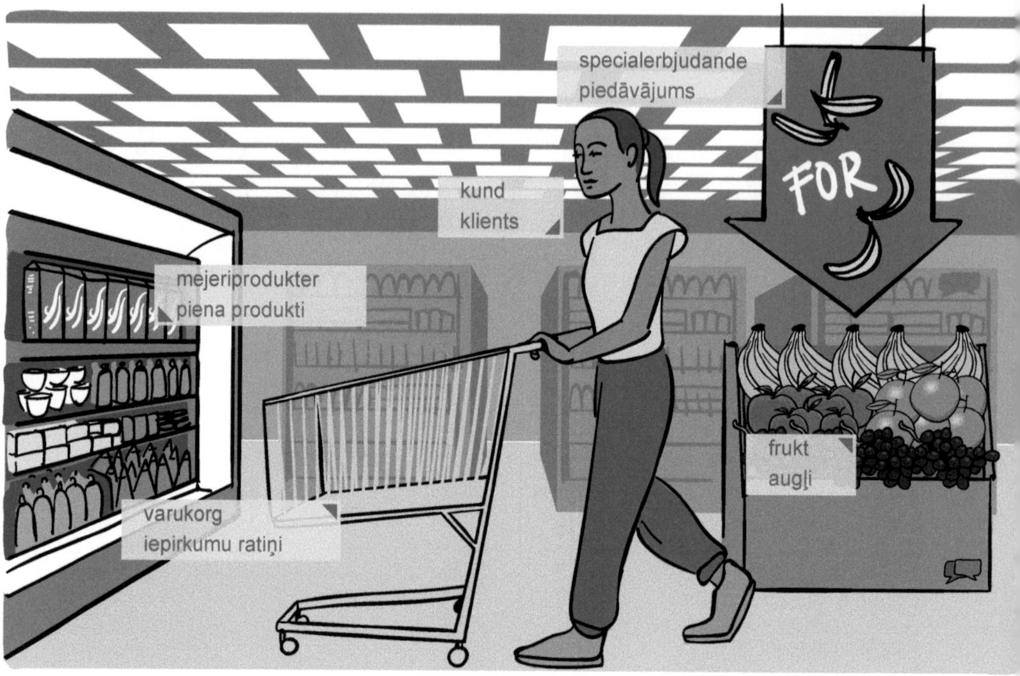

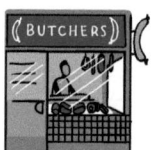

charkuteri

kautuve

BAKERY

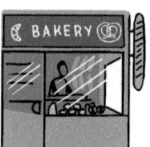

bageri

maizes veikals

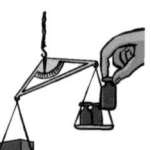

väga

svērt

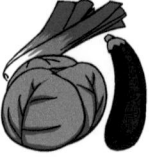

grönsaker

dārzeņi

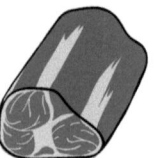

kött

gaļa

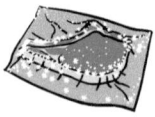

frysta livsmedel

saldēti produkti

pålägg

aukstās gaļas uzkodas

konserver

konservi

tvättmedel

pulveris

godis

saldumi

hushållsprodukter

mājsaimniecības preces

rengöringsmedel

tīrīšanas līdzeklis

försäljare

pārdevēja

kassa

kase

kassör

kasieris

inköpslista

iepirkumu saraksts

öppettider

darba laiks

plånbok

maks

kreditkort

kredītkarte

väska

soma

plastpåse

maisiņš

vatten

ūdens

juice

sula

mjölk

piens

cola

kola

vin

vīns

öl

alus

alkohol

alkohols

kakao

kakao

te

tēja

kaffe

kafija

espresso

espresso

cappuccino

kapučīno

banan

banāns

äpple

ābols

apelsin

apelsīns

melon

melone

citron

citrons

morot

burkāns

vitlök

ķiploks

bambu

bambuss

lök

sīpols

svamp

sēne

nötter

rieksti

nudlar

makaroni

spaghetti

spageti

ris

rīsi

sallad

salāti

pommes frites

frī kartupeļi

stekt potatis

cepti kartupeļi

pizza

pica

hamburgare

hamburgers

smörgås

sviestmaize

schnitzel

šnicele

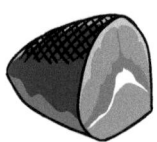

skinka

šķiņķis

salami

salami

korv

desa

kyckling

vista

stek

cepetis

fisk

zivs

havregryn

auzu pārslas

müsli

muslis

cornflakes

brokastu pārslas

mjöl

milti

croissant

radziņš

fralla

brokastu maizītes

bröd

maize

rostat bröd

tostermaize

kex

cepumi

smör

sviests

kvarg

biezpiens

kaka

kūka

ägg

ola

stekt ägg

cepta ola

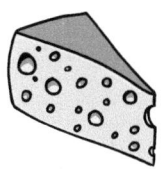

ost

siers

glass

saldējums

socker

cukurs

honung

medus

sylt

marmelāde

nougatkräm

riekstu krēms

curry

karijs

bondgård
zemnieku saimniecība

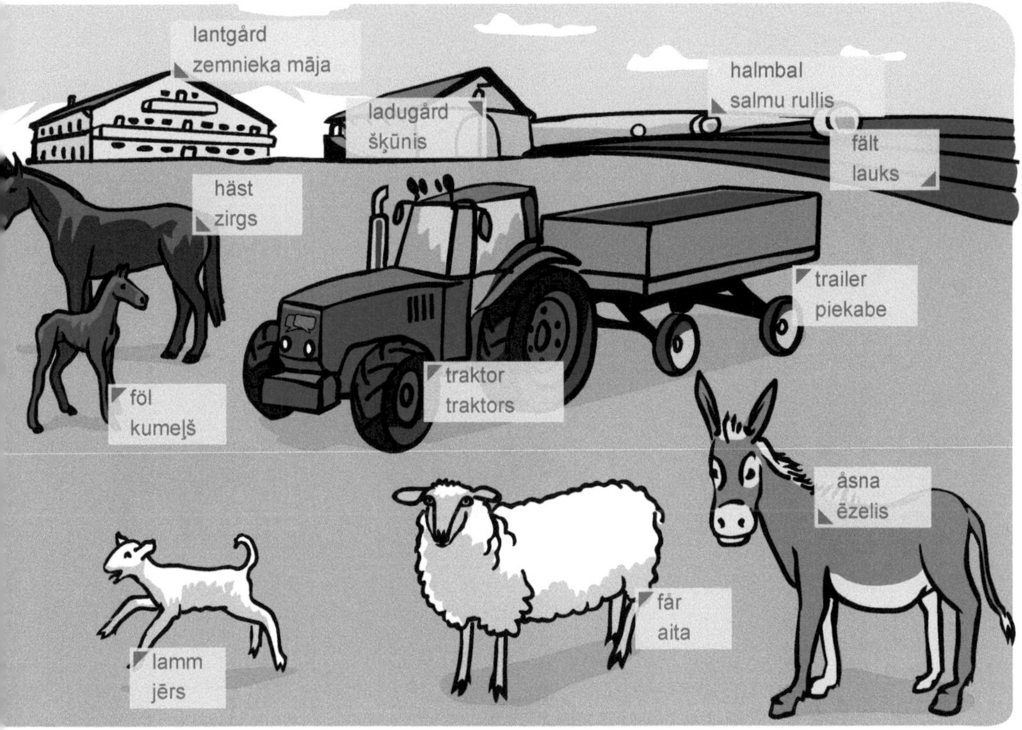
lantgård
zemnieka māja
ladugård
šķūnis
halmbal
salmu rullis
fält
lauks
häst
zirgs
trailer
piekabe
traktor
traktors
föl
kumeļš
åsna
ēzelis
får
aita
lamm
jērs

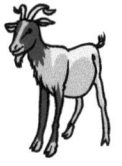

get
kaza

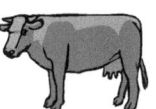

ko
govs

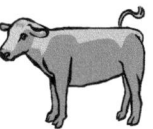

kalv
teļš

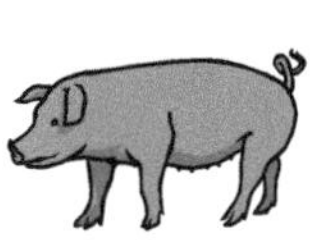

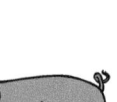

gris
cūka

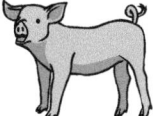

griskulting
sivēns

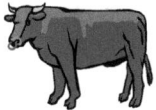

tjur
bullis

gås
zoss

anka
pīle

kyckling
cālis

höna
vista

tupp
gailis

råtta
žurka

katt
kaķis

mus
pele

oxe
vērsis

hund
suns

hundkoja
suņa būda

trädgårdsslang
dārza šļūtene

vattenkanna
lejkanna

lie
izkapts

plog
arkls

skära
....
sirpis

hacka
....
kaplis

högaffel
....
mēslu dakša

yxa
....
cirvis

skottkärra
....
ķerra

tråg
....
sile

mjölkflaska
....
piena kanna

säck
....
maiss

staket
....
žogs

stall
....
kūts

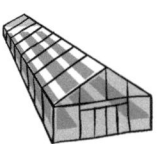

växthus
....
siltumnīca

jord
....
augsne

säd
....
sēklas

gödsel
....
mēslojums

skördetröska
....
kombains

skörda

novākt ražu

skörd

raža

jams

jamss

vete

kvieši

soja

soja

potatis

kartupelis

majs

kukurūza

raps

rapsis

fruktträd

augļu koks

maniok

manioka

spannmål

labība

bondgård - zemnieku saimniecība

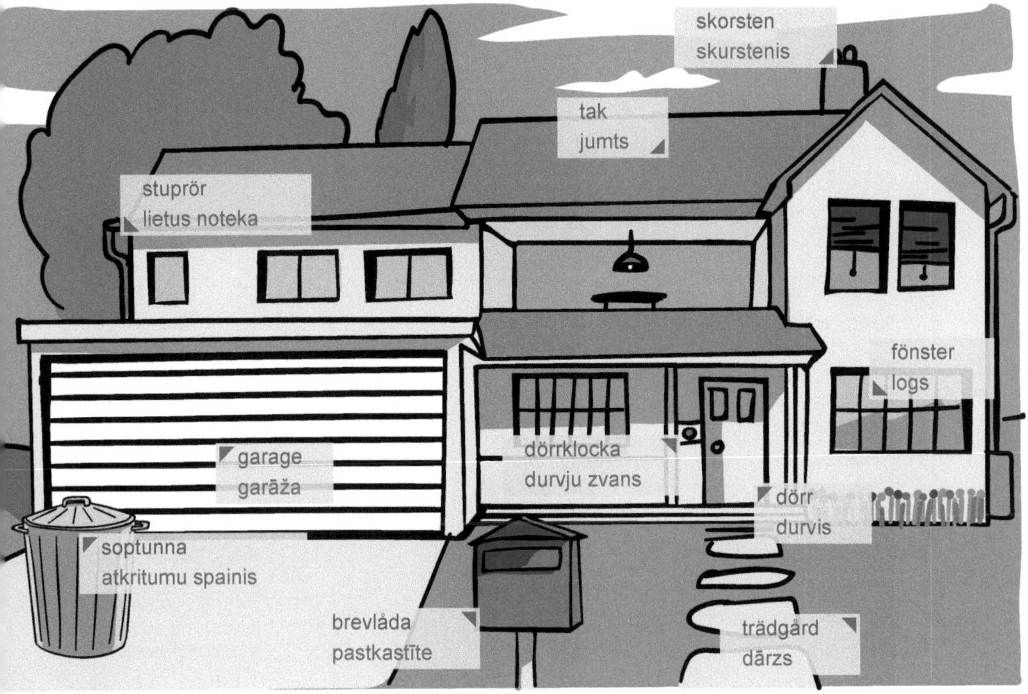

skorsten
skurstenis

tak
jumts

stuprör
lietus noteka

fönster
logs

garage
garāža

dörrklocka
durvju zvans

dörr
durvis

soptunna
atkritumu spainis

brevlåda
pastkastīte

trädgård
dārzs

vardagsrum
viesistaba

badrum
vannas istaba

kök
virtuve

sovrum
guļamistaba

barnrum
bērnu istaba

matsal
ēdamistaba

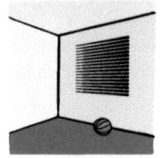

golv

grīda

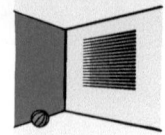

vägg

siena

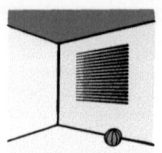

tak

griesti

källare

pagrabs

bastu

sauna

balkong

balkons

terrass

terase

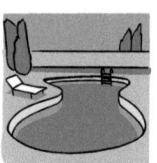

bassäng

baseins

gräsklippare

zāles pļāvējs

lakan

gultas veļa

överkast

sega

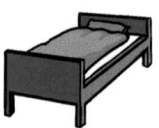

säng

gulta

kvast

slota

hink

spainis

strömbrytare

slēdzis

vardagsrum
viesistaba

tapet
tapetes
bild
attēls
lampa
lampa
hylla
plaukts
skåp
skapis
TV
televizors
eldstad
kamīns
blomma
puķe
kudde
spilvens
soffa
dīvāns
vas
vāze
fjärrkontroll
tālvadības pults

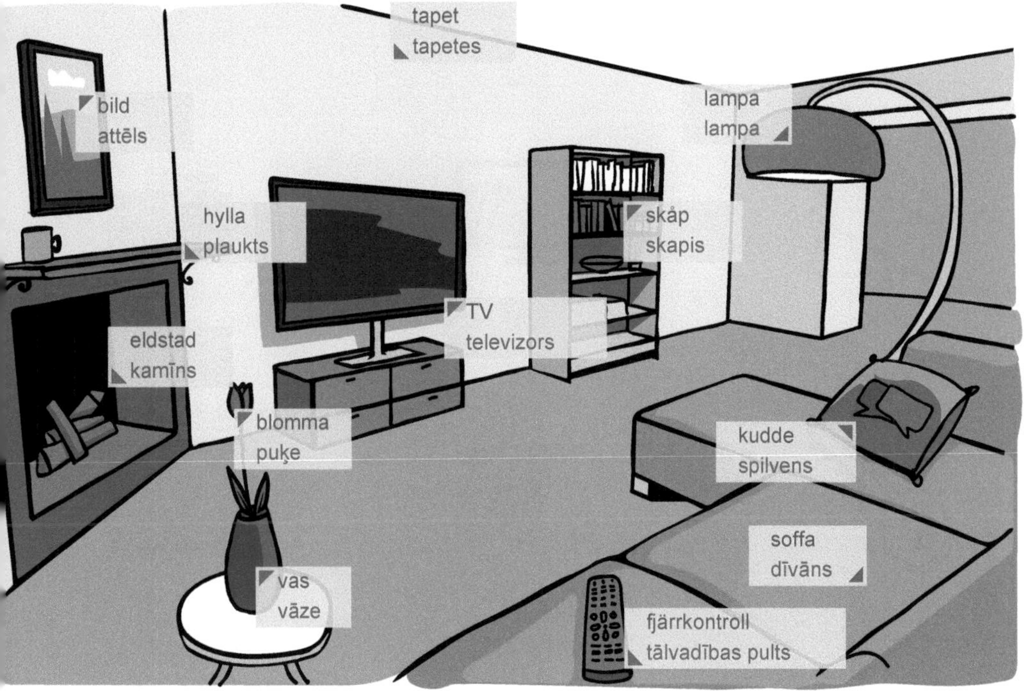

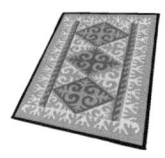

matta
paklājs

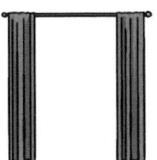

gardin
aizkars

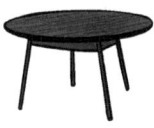

bord
galds

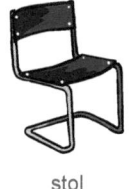

stol
krēsls

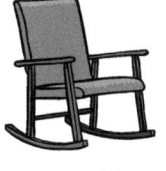

gungstol
šūpuļkrēsls

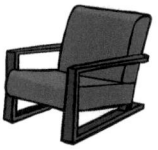

fåtölj
atpūtas krēsls

bok

grāmata

filt

sega

dekoration

dekorācija

vedträ

malka

film

filma

stereoanläggning

mūzikas centrs

nyckel

atslēga

dagstidning

avīze

målning

glezna

poster

plakāts

radio

radio

anteckningsbok

pierakstu blociņš

dammsugare

putekļu sūcējs

kaktus

kaktuss

stearinljus

svece

kök
virtuve

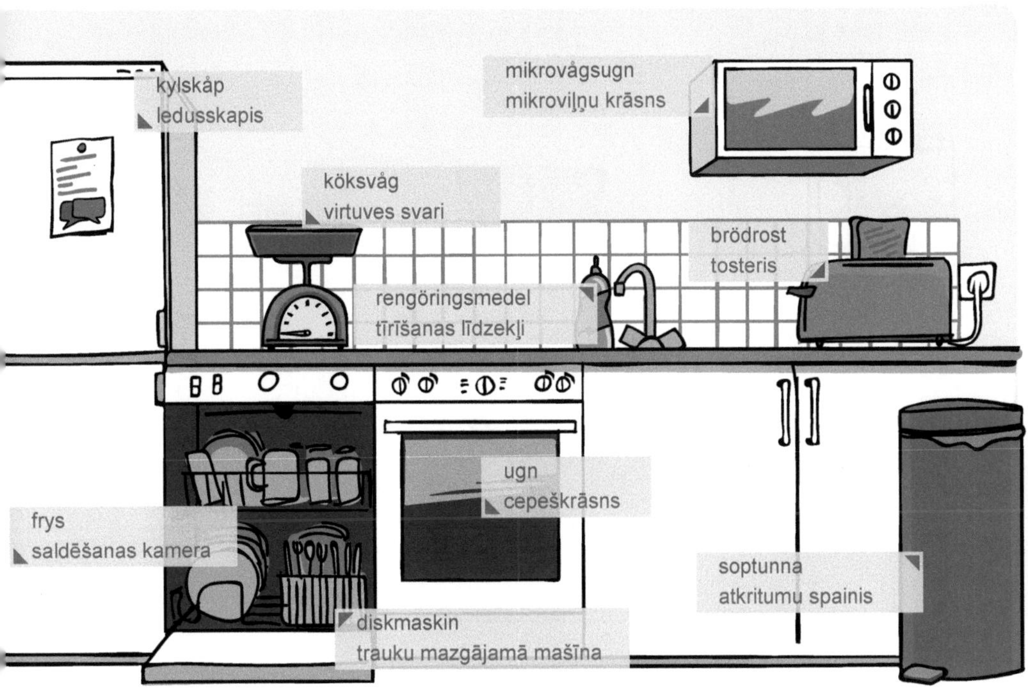

kylskåp
ledusskapis
mikrovågsugn
mikroviļņu krāsns
köksvåg
virtuves svari
brödrost
tosteris
rengöringsmedel
tīrīšanas līdzekļi
ugn
cepeškrāsns
frys
saldēšanas kamera
soptunna
atkritumu spainis
diskmaskin
trauku mazgājamā mašīna

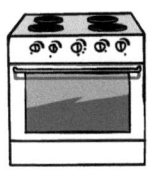

spis
plīts

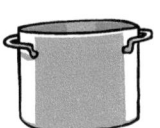

kastrull
pods

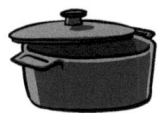

järngryta
katls

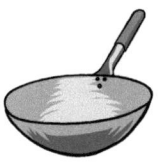

wok / kadai
Wok panna

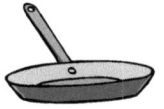

stekpanna
panna

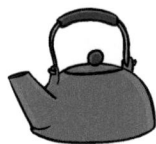

vattenkokare
elektriskā tējkanna

ångkokare

tvaika katls

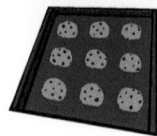

bakplåt

cepešpanna

porslin

trauki

mugg

krūze

skål

bļoda

ätpinnar

irbulīši

soppslev

kauss

stekspade

lāpstiņa

visp

putošanas slotiņa

durkslag

sietiņš

sil

siets

rivjärn

rīve

mortel

piesta

grill

grilēt

brasa

atklāts pavards

kök - virtuve

skärbräda

dēlis

kavel

mīklas rullis

korkskruv

korķu viļķis

burk

bundža

burköppnare

konservu nazis

grytlapp

virtuves cimdi

vask

izlietne

borste

birste

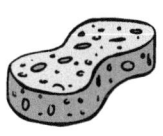

svamp

sūklis

mixer

mikseris

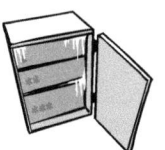

frys

saldētava

nappflaska

bērna pudelīte

kran

ūdenskrāns

kök - virtuve

badrum
vannas istaba

värme
apkure
dusch
duša
handduk
dvielis
duschdraperi
dušas aizkari
bubbelbad
vannas putas
badkar
vanna
glas
glāze
tvättmaskin
veļas mašīna
kran
ūdenskrāns
kakel
flīzes
potta
podiņš
vask
izlietne

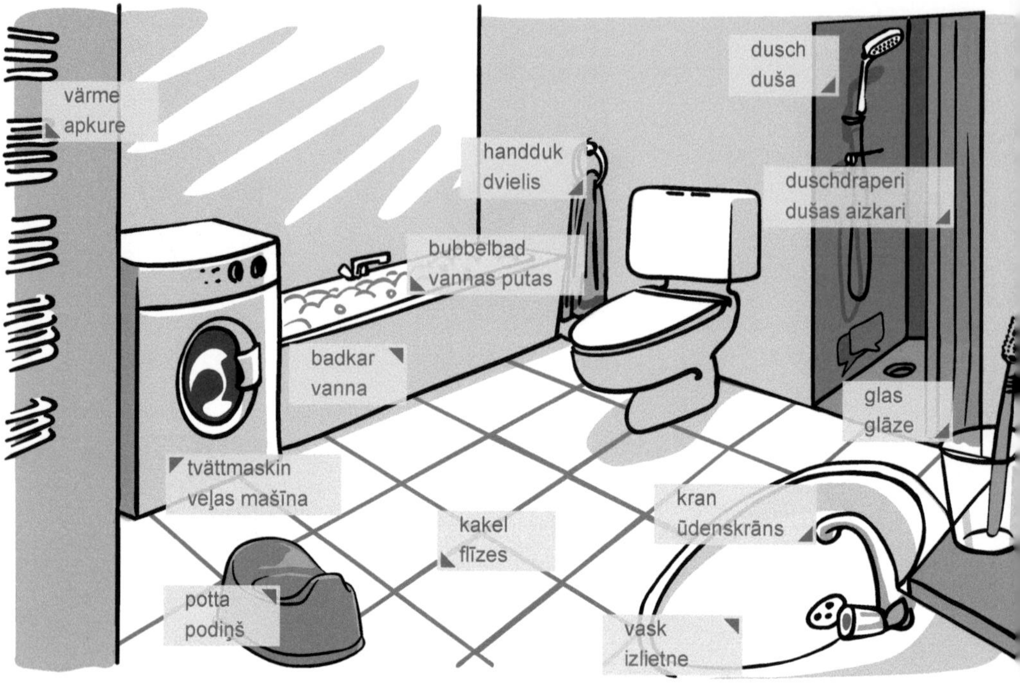

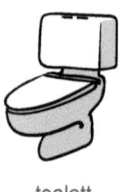

toalett

tualetes pods

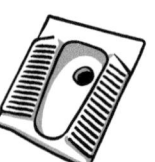

låg toalett

Āzijas tipa tualete

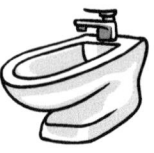

bidet

bidē

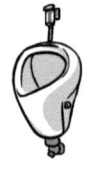

pissoar

pisuārs

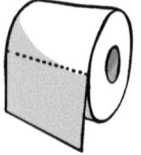

toalettpapper

tualetes papīs

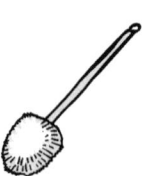

toalettborste

tualetes birste

tandborste

zobu birste

tandkräm

zobu pasta

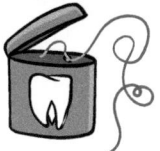

tandtråd

zobu diegs

tvätta

mazgāt

handdusch

rokas duša

intimdusch

duša

handfat

bļoda

ryggborste

muguras mazgāšanas birste

tvål

ziepes

duschgel

dušas želeja

schampo

šampūns

trasa

mazgāšanas drāna

avlopp

noteka

crème

krēms

deodorant

dezodorants

spegel

spogulis

handspegel

spogulītis

rakhyvel

skuveklis

raklödder

skūšanās putas

rakvatten

losjons pēc skūšanās

kam

ķemme

borste

matu suka

hårtork

matu fēns

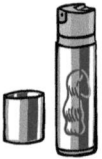

hårspray

matu laka

smink

grima komplekts

läppstift

lūpu krāsa

nagellack

nagulaka

bomullsvadd

vate

nagelsax

šķērītes

parfym

smaržas

necessär

kosmētikas maks

pall

ķeblītis

våg

svari

badrock

halāts

gummihandskar

tīrīšanas cimdi

tampong

tampons

binda

pakete

kemisk toalett

ķīmiskā tualete

barnrum
bērnu istaba

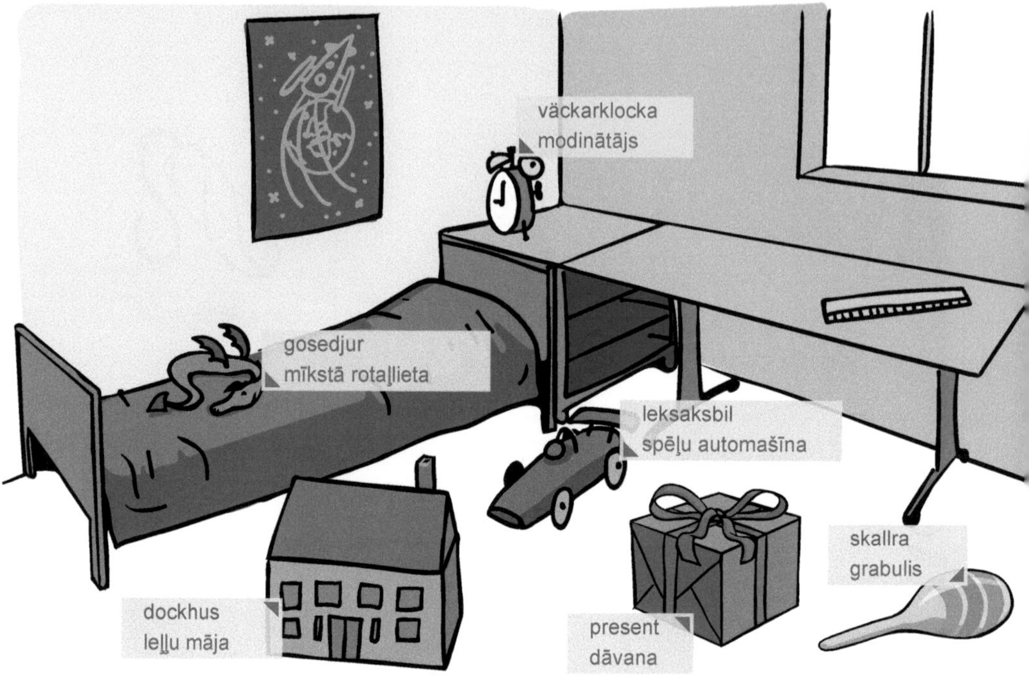

väckarklocka
modinātājs
gosedjur
mīkstā rotaļlieta
leksaksbil
spēļu automašīna
skallra
grabulis
dockhus
leļļu māja
present
dāvana

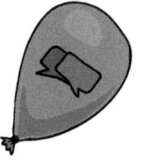

ballong

balons

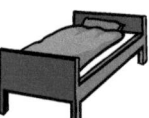

säng

gulta

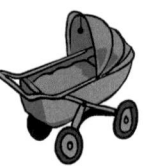

barnvagn

bērnu ratiņi

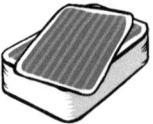

kortlek

kārtis

pussel

puzle

SUPER
MEGA

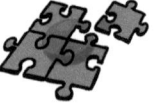

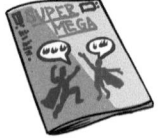

serietidning

komikss

legobitar

LEGO klucīši

klossar

klucīši

actionfigur

varoņu figūra

sparkdräkt

rāpulītis

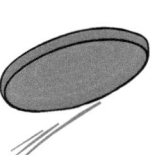

frisbee

lidojošais šķīvītis

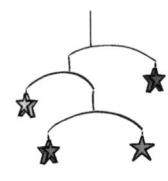

mobil

muzikālais karuselis

brädspel

galda spēle

tärning

metamais kauliņš

modelljärnväg

rotaļu dzelzceļš

napp

māneklis

party

ballīte

bilderbok

bilžu grāmata

boll

bumba

docka

lelle

spela

spēlēt

sandlåda

smilšu kaste

gunga

šūpoles

leksaker

rotaļlietas

spelkonsol

spēļu konsole

trehjuling

trīsritenis

nalle

plīša lācītis

garderob

drēbju skapis

kläder

apģērbs

sockar

īszeķes

strumpor

zeķes

tights

zeķbikses

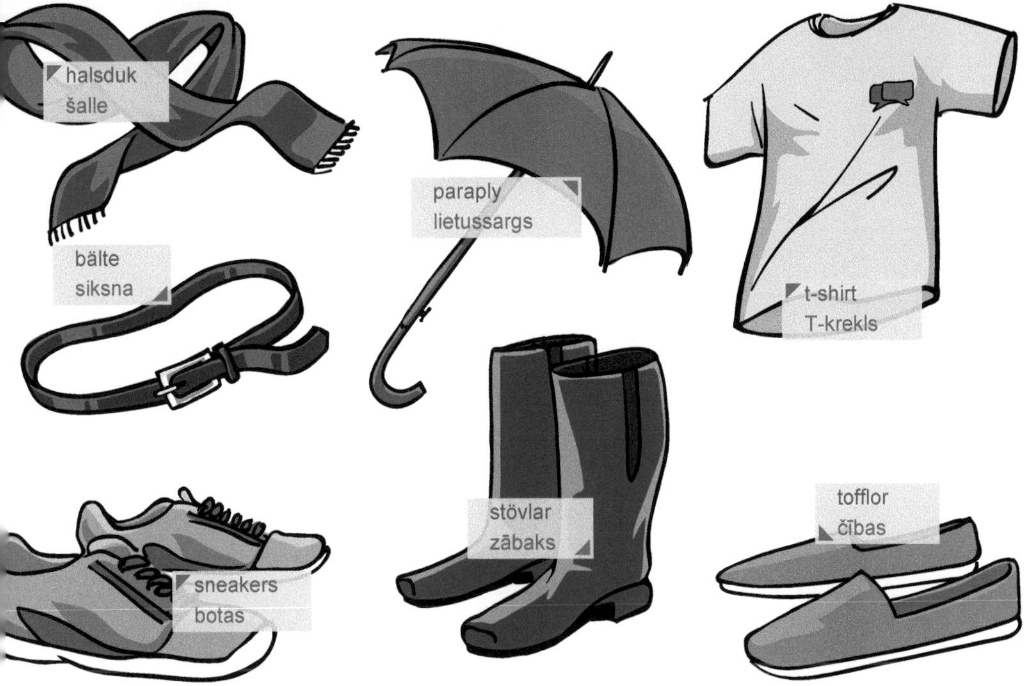

halsduk
šalle

bälte
siksna

paraply
lietussargs

t-shirt
T-krekls

sneakers
botas

stövlar
zābaks

tofflor
čības

sandaler	skor	gummistövlar
sandales	kurpes	gumijas zābaki

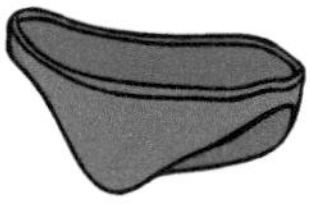

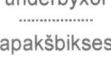

underbyxor	BH	linne
apakšbikses	krūšturis	apakškrekls

body

bodijs

byxor

bikses

jeans

džinsi

kjol

svārki

blus

blūze

skjorta

krekls

pullover

pulovers

sweater

džemperis

blazer

žakete

jacka

jaka

kappa

mētelis

regnjacka

lietus mētelis

dräkt

kostīms

klänning

kleita

bröllopsklänning

kāzu kleita

kostym

uzvalks

nattlinne

naktskrekls

pyjamas

pidžama

sari

sari

slöja

lakats

turban

turbāns

burka

burka

kaftan

kaftāns

abaya

abaja

baddräkt

peldkostīms

badbyxor

peldbikses

shorts

šorti

träningsoverall

treniņtērps

förkläde

priekšauts

handskar

cimdi

knapp

poga

glasögon

brilles

armband

rokassprādze

halsband

kaklarota

ring

gredzens

örhänge

auskars

mössa

cepure

galge

drēbju pakaramais

hatt

platmale

slips

kaklasaite

dragkedja

rāvējslēdzējs

hjälm

ķivere

hängslen

bikšturi

skoluniform

skolas forma

uniform

uniforma

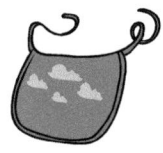

haklapp

priekšautiņš

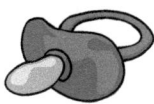

napp

māneklis

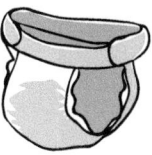

blöja

autiņbiksītes

kontor

birojs

server
serveris
dokumentskåp
dokumentu skapis
skrivare
printeris
papper
papīrs
bildskärm
monitors
mus
pele
skrivbord
rakstāmgalds
mapp
dokumentu vāki
tangentbord
klaviatūra
stol
krēsls
papperskorg
papīrgrozs
dator
dators

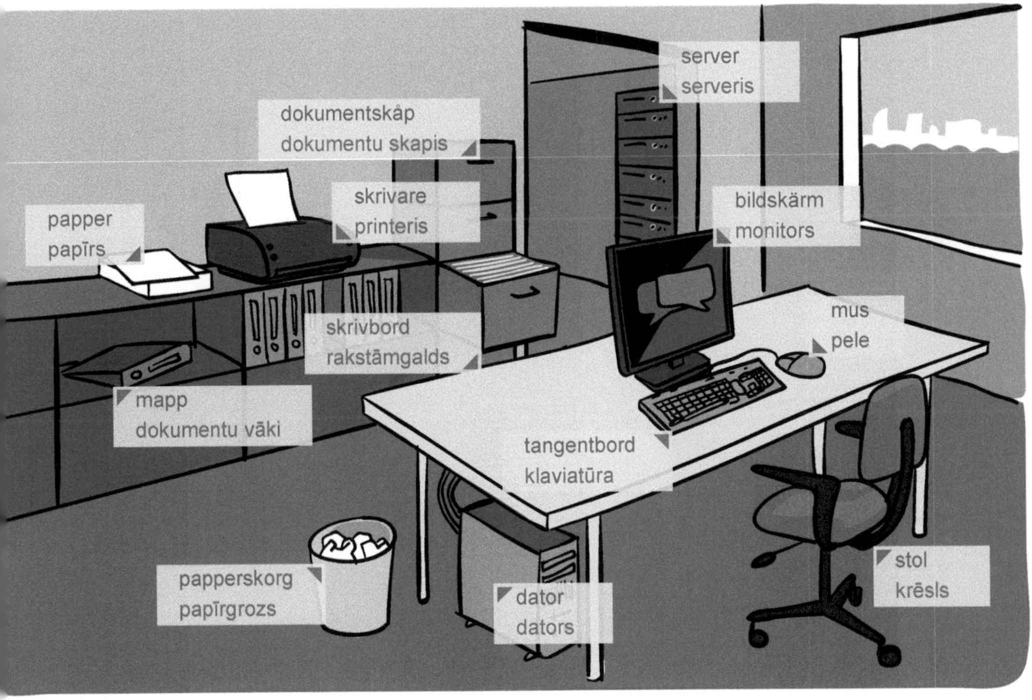

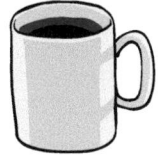

kaffemugg

kafijas krūze

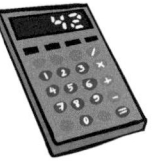

miniräknare

kalkulators

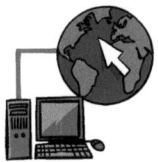

internet

internets

bärbar dator

portatīvais dators

brev

vēstule

meddelande

ziņa

mobiltelefon

mobilais tālrunis

nätverk

tīkls

kopieringsapparat

kopētājs

programvara

programmatūra

telefon

telefons

vägguttag

rozete

fax

faksa aparāts

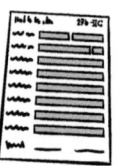

blankett

formulārs

dokument

dokuments

kontor - birojs

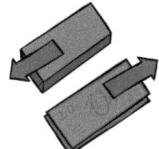

köpa

pirkt

betala

samaksāt

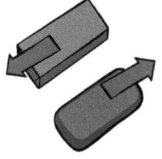

handla

tirgot

pengar

nauda

USD

dollar

dolārs

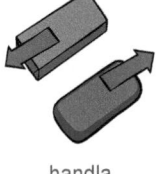

EUR

euro

eiro

JPY

yen

jēna

RUB

rubel

rublis

CHF

schweizisk franc

franks

CNY

renminbi yan

juaņa renminbi

INR

rupie

rūpija

bankomat

bankomāts

växelkontor

valūtas maiņas punkts

guld

zelts

silver

sudrabs

olja

nafta

energi

enerģija

pris

cena

kontrakt

līgums

skatt

nodoklis

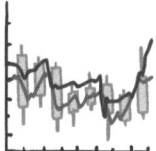

aktie

akcija

arbeta

strādāt

anställd

darbinieks

arbetsgivare

darba devējs

fabrik

fabrika

affär

veikals

ekonomi - ekonomika

polis
policists

brandman
ugunsdzēsējs

kock
pavārs

läkare
ārsts

pilot
pilots

trädgårdsmästare

dārznieks

snickare

galdnieks

sömmerska

šuvēja

domare

tiesnesis

kemist

ķīmiķis

skådespelare

aktieris

busschaufför

autobusa vadītājs

taxichaufför

taksometra vadītājs

fiskare

zvejnieks

städerska

apkopēja

takläggare

jumiķis

servitör

viesmīlis

jägare

mednieks

målare

gleznotājs

bagare

maiznieks

elektriker

elektriķis

byggarbetare

celtnieks

ingenjör

inženieris

slaktare

miesnieks

rörmokare

skārdnieks

brevbärare

pastnieks

soldat

karavīrs

arkitekt

arhitekts

kassör

kasieris

florist

florists

frisör

frizieris

konduktör

konduktors

mekaniker

mehāniķis

kapten

kapteinis

tandläkare

zobārsts

vetenskapsman

zinātnieks

rabbin

rabīns

imam

imāms

munk

mūks

präst

mācītājs

verktyg
instrumenti

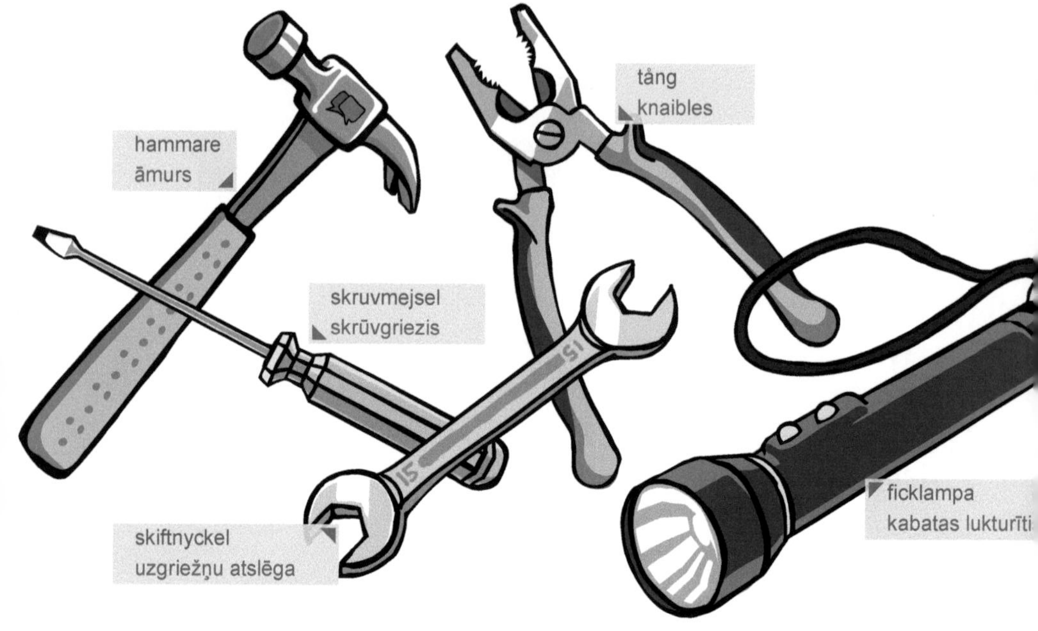
hammare
āmurs
tång
knaibles
skruvmejsel
skrūvgriezis
skiftnyckel
uzgriežņu atslēga
ficklampa
kabatas lukturīti

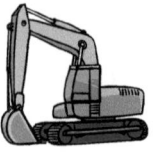

grävmaskin

ekskavators

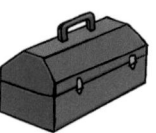

verktygslåda

instrumentu kaste

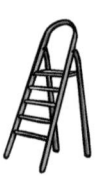

stege

kāpnes

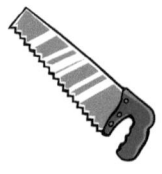

såg

zāģis

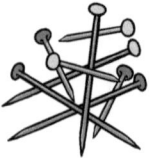

spik

naglas

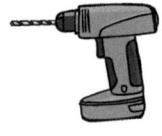

borr

urbis

reparera

remontēt

spade

lāpsta

Helvete!

Velns!

sopskyffel

liekšķere

färgburk

krāsas bundža

skruvar

skrūves

musikinstrument
mūzikas instrumenti

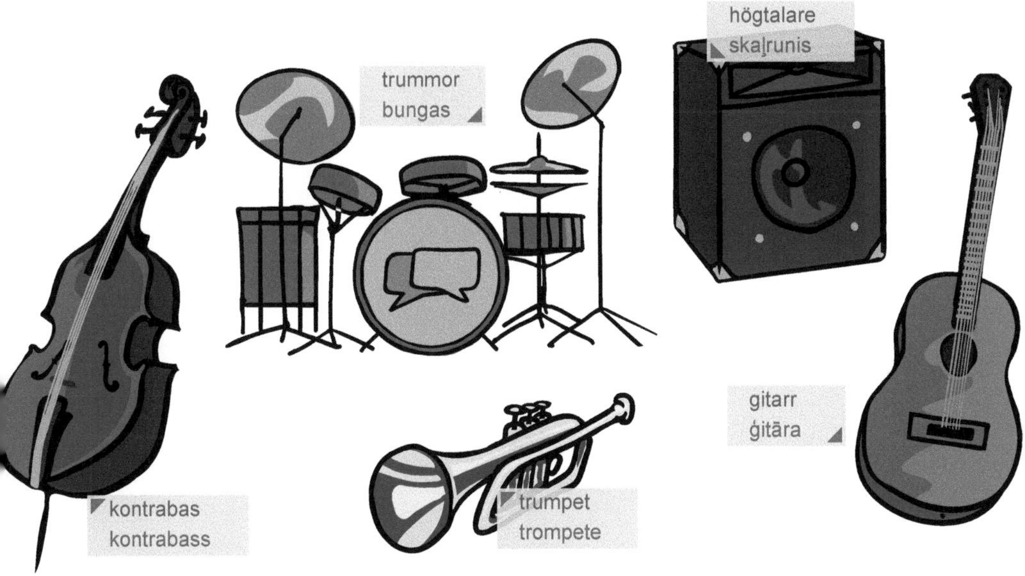

trummor
bungas

högtalare
skaļrunis

gitarr
ģitāra

kontrabas
kontrabass

trumpet
trompete

piano

klavieres

violin

vijole

bas

bass

timpani

timpāni

trumma

bungas

keyboard

digitālās klavieres

saxofon

saksofons

flöjt

flauta

mikrofon

mikrofons

zoo

zooloģiskais dārzs

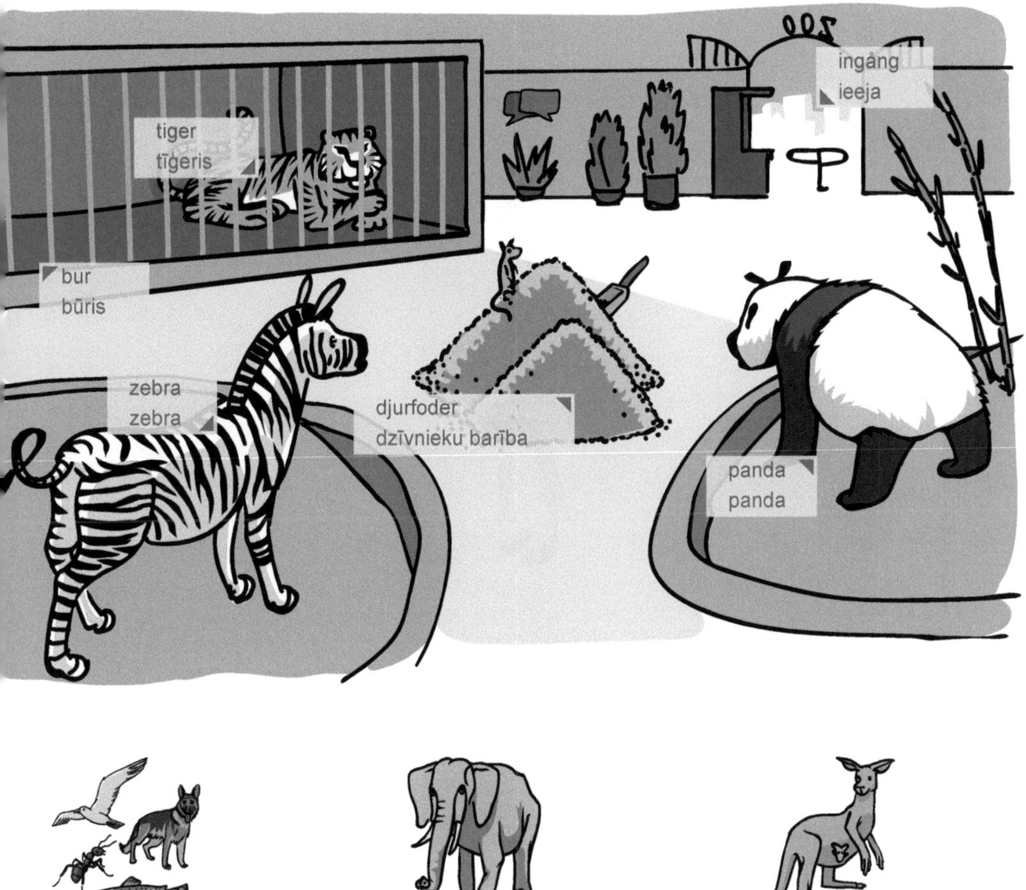

ingång
ieeja
tiger
tīģeris
bur
būris
zebra
zebra
djurfoder
dzīvnieku barība
panda
panda

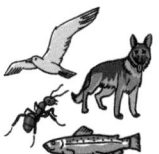

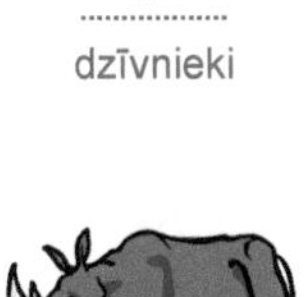

djur
dzīvnieki

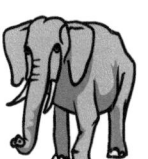

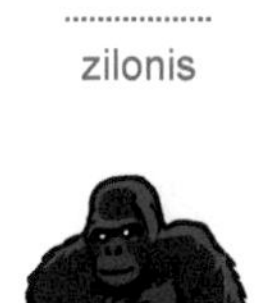

elefant
zilonis

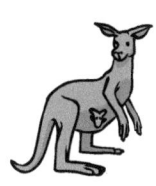

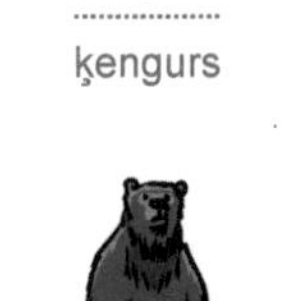

känguru
ķengurs

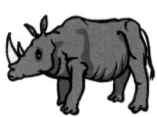

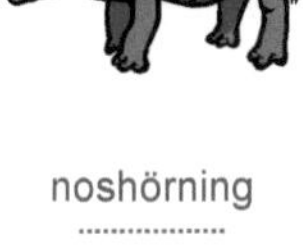

noshörning
degunradzis

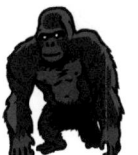

gorilla
gorilla

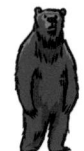

björn
lācis

kamel

kamielis

struts

strauss

lejon

lauva

apa

pērtiķis

flamingo

flamings

papegoja

papagailis

isbjörn

polārlācis

pingvin

pingvīns

haj

haizivs

påfågel

pāvs

orm

čūska

krokodil

krokodils

djurskötare

zoodārza sargs

säl

ronis

jaguar

jaguārs

zoo - zooloģiskais dārzs

ponny

ponijs

leopard

leopards

flodhäst

nīlzirgs

giraff

žirafe

örn

ērglis

vildsvin

meža cūka

fisk

zivs

sköldpadda

bruņurupucis

valross

valzirgs

räv

lapsa

gazell

gazele

amerikansk fotboll
amerikāņu futbols

cykling
riteņbraukšana

tennis
teniss

basket
basketbols

simning
peldēšana

boxning
bokss

ishockey
hokejs

fotboll
futbols

badminton
badmintons

friidrott
vieglatlētika

handboll
rokas bumba

skidåkning
slēpošana

polo
polo

aktiviteter
darbības

hoppa
lēkt
krama
apskaut
skratta
smieties
gå
iet
sjunga
dziedāt
drömma
sapņot
be
lūgt
kyssa
skūpstīt

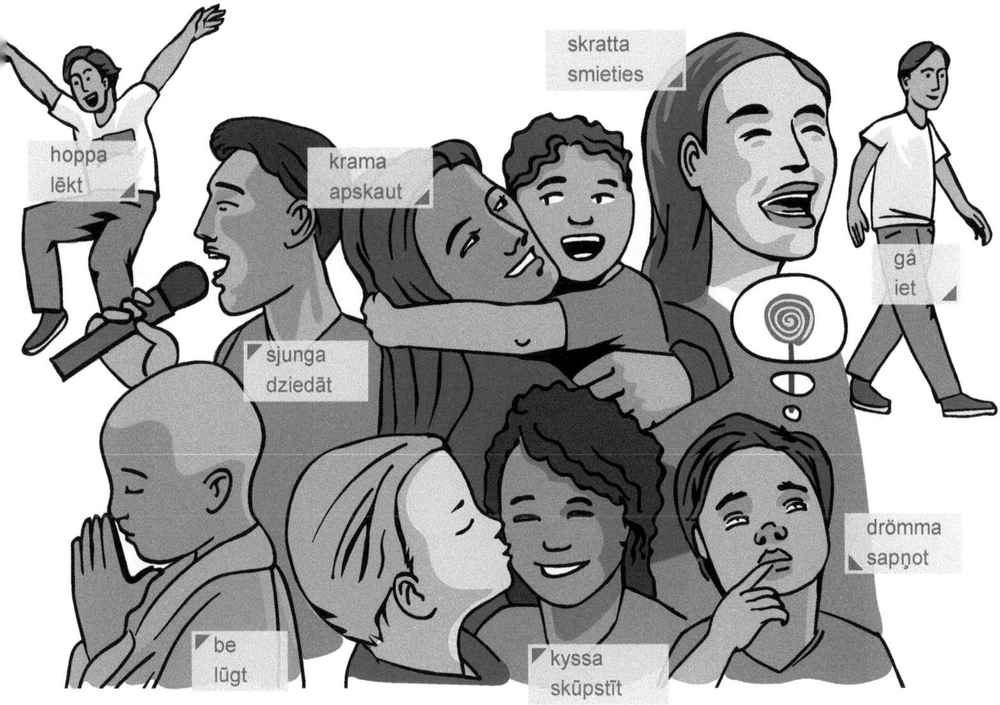

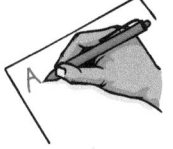

skriva
rakstīt

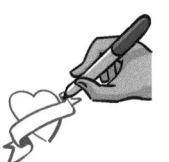

rita
zīmēt

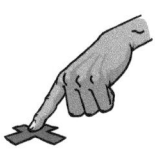

visa
rādīt

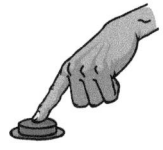

skjuta
spiest

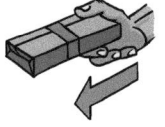

ge
dot

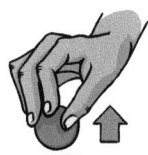

ta
ņemt

hagel

būt

göra

darīt

vara

būt

stå

stāvēt

springa

skriet

dra

vilkt

kasta

mest

falla

krist

ligga

gulēt

vänta

gaidīt

bära

nest

sitta

sēdēt

klä på

uzģērbt

sova

gulēt

vakna

pamosties

se på

skatīties

gråta

raudāt

smeka

glāstīt

kamma

ķemmēt

prata

runāt

förstå

saprast

fråga

jautāt

höra

dzirdēt

dricka

dzert

äta

ēst

städa

sakārtot

älska

mīlēt

laga mat

vārīt

köra

braukt

flyga

lidot

aktiviteter - darbības

segla

burot

räkna

rēķināt

läsa

lasīt

lära sig

mācīties

arbeta

strādāt

gifta sig

precēties

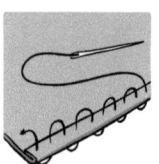

sy

šūt

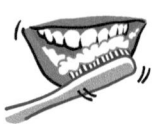

borsta tänderna

tīrīt zobus

döda

nogalināt

röka

smēķēt

skicka

sūtīt

familj
ģimene

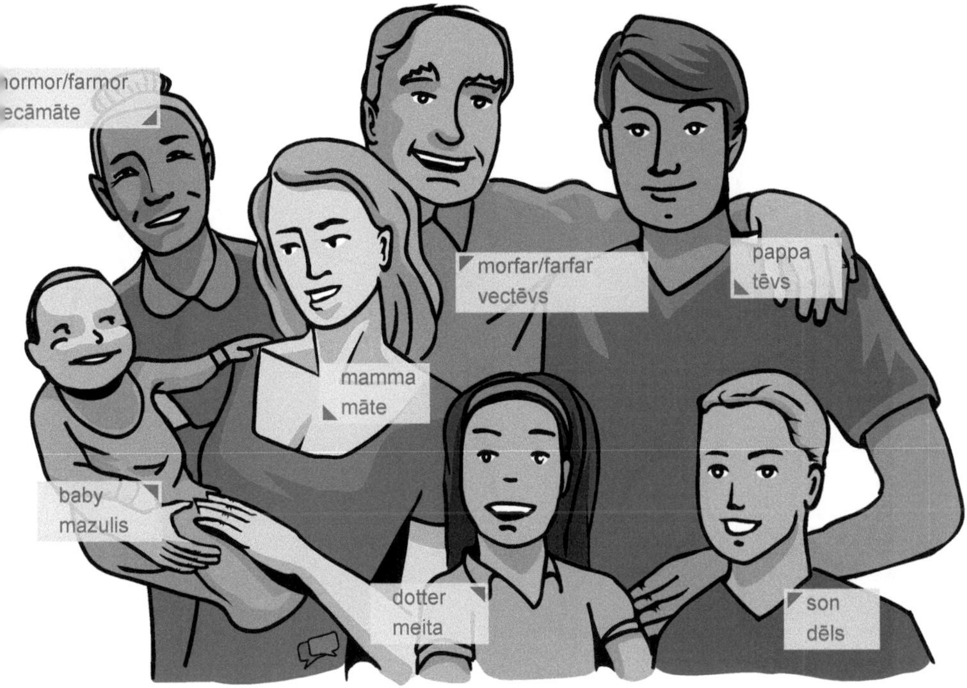

ormor/farmor
ecāmāte
morfar/farfar
vectēvs
pappa
tēvs
mamma
māte
baby
mazulis
dotter
meita
son
dēls

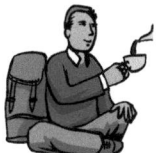

gäst

viesis

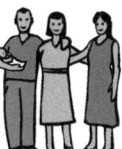

moster/faster

tante

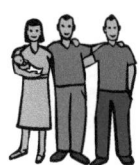

farbror/morbror

onkulis

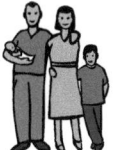

bror

brālis

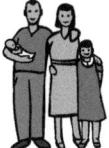

syster

māsa

kropp

ķermenis

panna
piere
öga
acs
skuldra
plecs
finger
pirksts
ansikte
seja
haka
zods
hand
roka
bröst
krūtis
ben
kāja
arm
roka

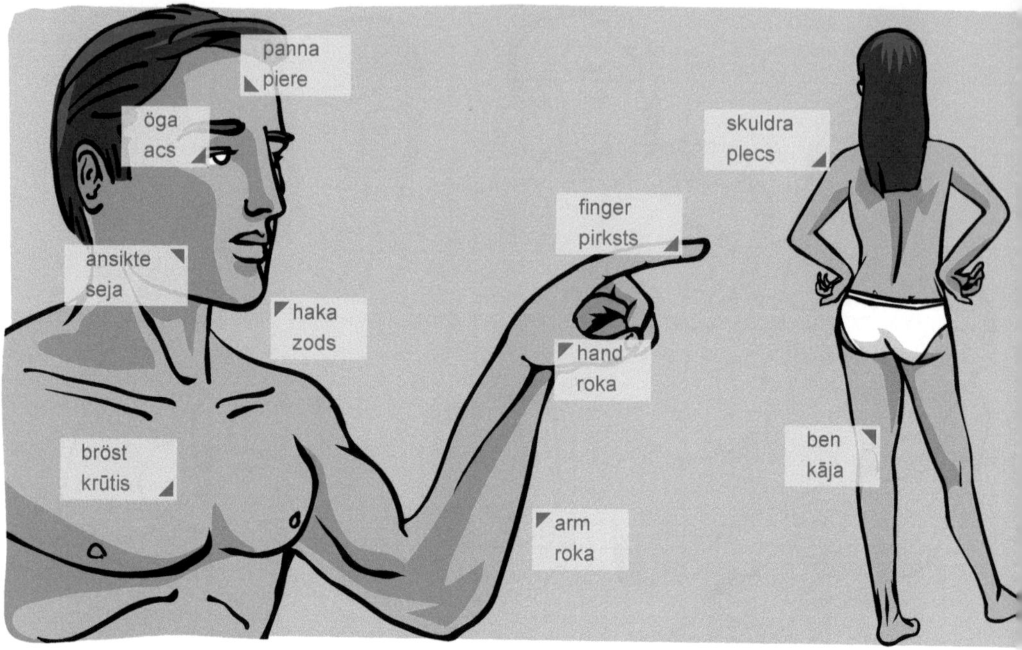

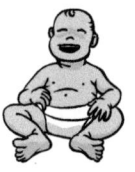

baby
mazulis

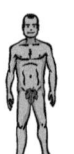

man
vīrietis

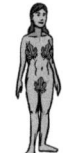

kvinna
sieviete

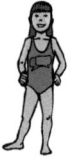

flicka
meitene

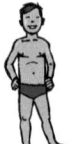

pojke
zēns

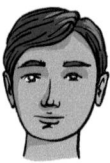

huvud
galva

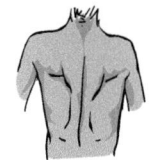

rygg
mugura

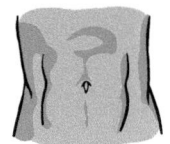

mage
vēders

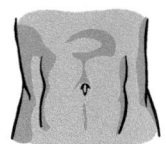

navel
naba

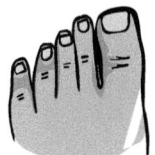

tå
kājas pirksts

häl
papēdis

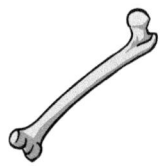

ben
kauls

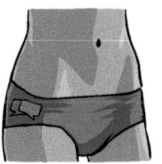

höft
gurns

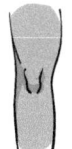

knä
celis

armbåge
elkonis

näsa
deguns

stjärt
dibens

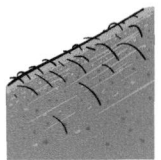

hud
āda

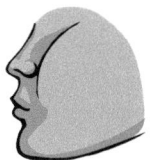

kind
vaigs

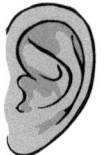

öra
auss

läpp
lūpa

mun

mute

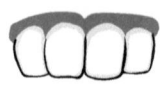

tand

zobs

tunga

mēle

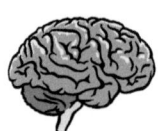

hjärna

smadzenes

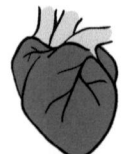

hjärta

sirds

muskel

muskulis

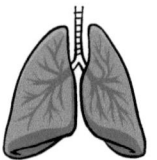

lunga

plaušas

lever

aknas

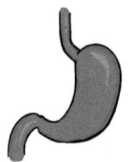

magsäck

kuņģis

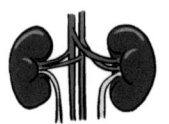

njurar

nieres

sex

dzimumakts

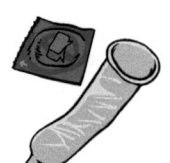

kondom

kondoms

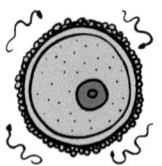

äggcell

olšūna

sperma

sperma

graviditet

grūtniecība

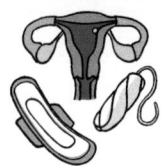

menstruation

menstruācijas

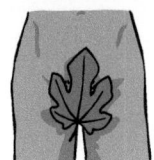

vagina

vagīna

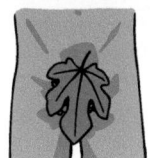

penis

penis

ögonbryn

uzacs

hår

mati

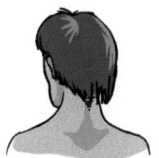

nacke

kakls

sjukhus
slimnīca

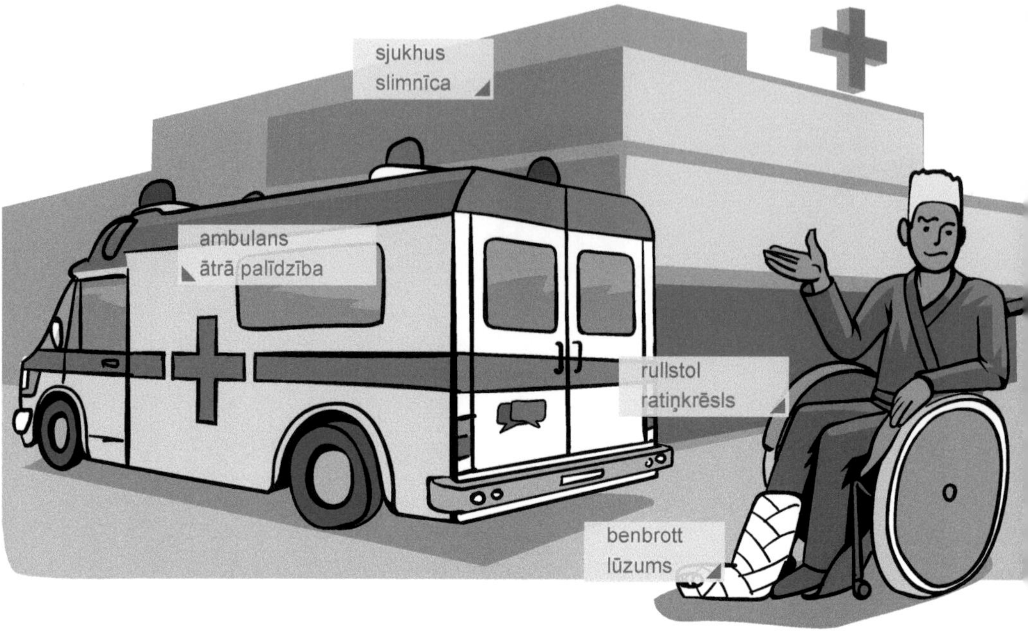

sjukhus
slimnīca
ambulans
ātrā palīdzība
rullstol
ratiņkrēsls
benbrott
lūzums

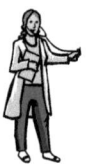

läkare

ārsts

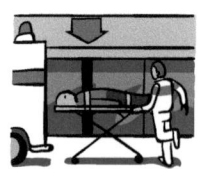

akutmottagning

neatliekamās palīdzības nodaļa

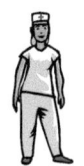

sjuksköterska

medmāsa

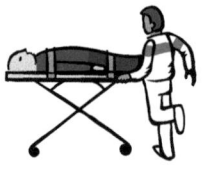

nödsituation

ārkārtas gadījums

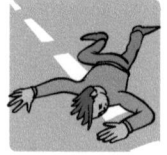

medvetslös

paģībis

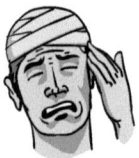

smärta

sāpes

skada

ievainojums

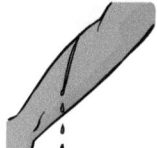

blödning

asiņošana

hjärtattack

sirdslēkme

slaganfall

insults

allergi

alerģija

hosta

klepus

feber

temperatūra

influensa

gripa

diarré

caureja

huvudvärk

galvassāpes

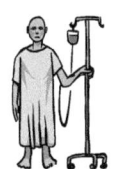

cancer

vēzis

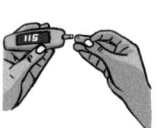

diabetes

diabēts

kirurg

ķirurgs

skalpell

skalpelis

operation

operācija

CT
datortomogrāfija

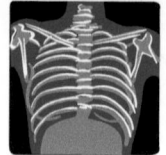

röntgen
rentgents

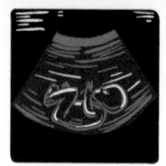

ultraljud
ultraskaņa

ansiktsmask
sejas maska

sjukdom
slimība

väntsal
uzgaidāmā telpa

krycka
kruķis

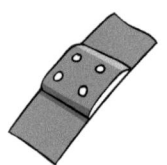

plåster
plāksteris

bandage
apsējs

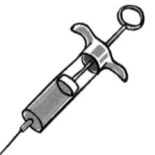

injektion
injekcija

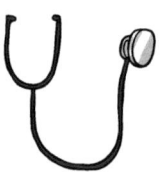

stetoskop
stetoskops

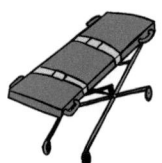

bår
nestuves

termometer
termometrs

födsel
dzemdības

övervikt
liekais svars

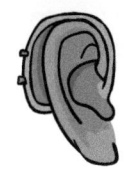

hörapparat

dzirdes aparāts

desinfektionsmedel

dezinfekcijas līdzeklis

infektion

infekcija

virus

vīruss

HIV / AIDS

HIV / AIDS

medicin

zāles

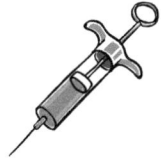

vaccination

pote

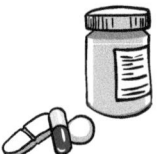

tabletter

tabletes

p-piller

pretapaugļošanās tablete

nödsamtal

ārkārtas izsaukums

blodtrycksmätare

asinsspiediena mērītājs

sjuk / frisk

slims / vesels

Hjälp!

Palīgā!

alarm

trauksme

överfall

uzbrukums

misshandel

uzbrukums

fara

bīstamība

nödutgång

avārijas izeja

Det brinner!

Uguns!

brandsläckare

ugunsdzēšamais aparāts

olycka

negadījums

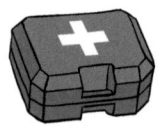

förbandslåda

pirmās palīdzības aptieciņa

SOS

SOS

polis

policija

Europa

Eiropa

Nordamerika

Ziemeļamerika

Sydamerika

Dienvidamerika

Afrika

Āfrika

Asien

Āzija

Australien

Austrālija

Atlanten

Atlantijas okeāns

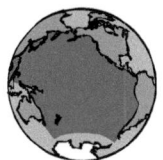

Stilla Havet

Klusais okeāns

Indiska Oceanen

Indijas okeāns

Antarktiska Oceanen

Dienvidu okeāns

Arktiska Oceanen

Ziemeļu ledus okeāns

Nordpol

Ziemeļpols

Sydpol
Dienvidpols

Antarktis
Antarktika

Jorden
zeme

land
zeme

hav
jūra

ö
sala

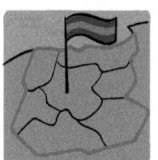

nation
nācija

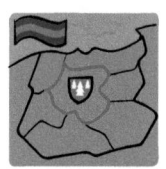

stat
valsts

urtavla
ciparnīca

timvisare
stundu rādītājs

minutvisare
minūšu rādītājs

sekundvisare
sekunžu rādītājs

Vad är klockan?
Cik ir pulkstenis?

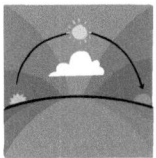

dag
diena

tid
laiks

nu
tagad

digital klocka
digitālais pulkstenis

minut
minūte

timme
stunda

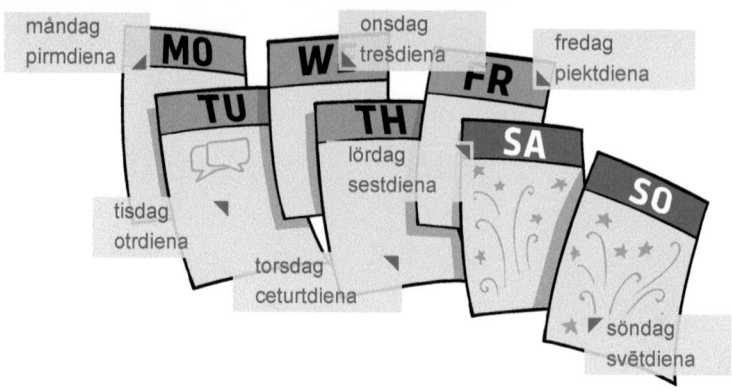

måndag
pirmdiena

onsdag
trešdiena

fredag
piektdiena

tisdag
otrdiena

lördag
sestdiena

torsdag
ceturtdiena

söndag
svētdiena

igår
vakardien

idag
šodien

imorgon
rītdien

morgon
rīts

middag
pusdienlaiks

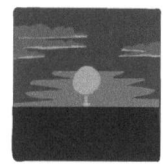

kväll
vakars

MO	TU	WE	TH	FR	SA	SU
1	2	3	4	5	6	7
8	9	10	11	12	13	14
15	16	17	18	19	20	21
22	23	24	25	26	27	28
29	30	31	1	2	3	4

vardagar
darbadienas

MO	TU	WE	TH	FR	SA	SU
1	2	3	4	5	6	7
8	9	10	11	12	13	14
15	16	17	18	19	20	21
22	23	24	25	26	27	28
29	30	31	1	2	3	4

helg
brīvdienas

år
gads

regnbåge
varavīksne
regn
lietus
snö
sniegs
vind
vējš
vår
pavasaris
höst
rudens
sommar
vasara
vinter
ziema

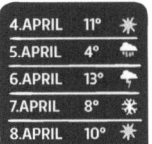

4.APRIL 11°
5.APRIL 4°
6.APRIL 13°
7.APRIL 8°
8.APRIL 10°

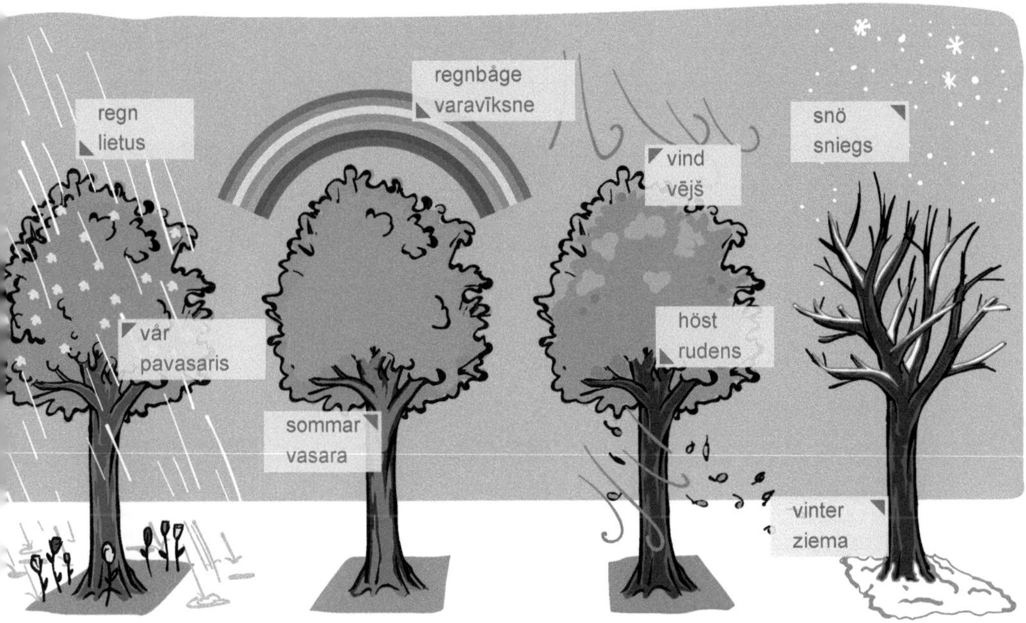

väderprognos
laika prognoze

F C
120 40
90 30
60 20
30 10
0 0
-30 -10
-20

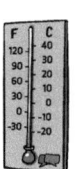

termometer
termometrs

solsken
saules gaisma

moln
mākonis

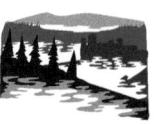

dimma
migla

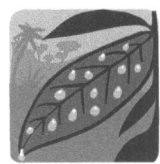

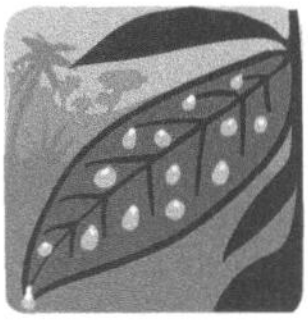

luftfuktighet
gaisa mitrums

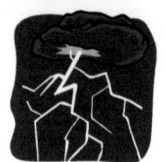

blixt

zibens

åska

pērkons

storm

vētra

hagel

krusa

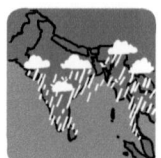

monsun

musons

översvämning

plūdi

is

ledus

januari

janvāris

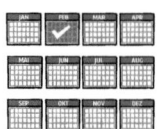

februari

februāris

mars

marts

april

aprīlis

maj

maijs

juni

jūnijs

juli

jūlijs

augusti

augusts

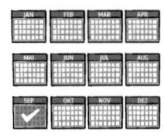

september
....
septembris

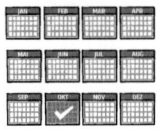

oktober
....
oktobris

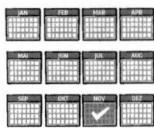

november
....
novembris

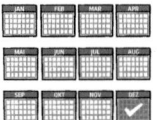

december
....
decembris

cirkel
....
aplis

kvadrat
....
kvadrāts

rektangel
....
četrstūris

triangel
....
trīsstūris

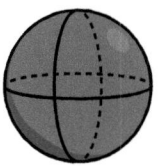

sfär
....
lode

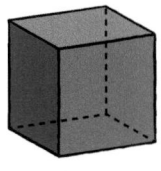

kub
....
kubs

vit
....
balts

gul
....
dzeltens

orange
....
oranžs

rosa
....
sārts

röd
....
sarkans

lila
....
lillā

blå
....
zils

grön
....
zaļš

brun
....
brūns

grå
....
pelēks

svart
....
melns

mycket / lite

daudz / maz

arg / lugn

saniknots / miermīlīgs

vacker / ful

skaists / neglīts

början / slut

sākums / beigas

stor / liten

liels / mazs

ljus / mörk

gaišs / tumšs

bror / syster

brālis / māsa

ren / smutsig

tīrs / netīrs

komplett / ofullständig

pilnīgs / nepilnīgs

dag / natt

diena / nakts

död / levande

miris / dzīvs

bred / smal

plats / šaurs

ätlig / oätlig

baudāms / nebaudāms

ond / god

nikns / laipns

upphetsad / uttråkad

satraukts / garlaikots

tjock / smal

resns / tievs

först / sist

pirmais /pēdējais

vän / fiende

draugs / ienaidnieks

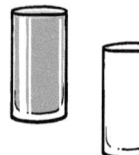

full / tom

pilns / tukšs

hård / mjuk

ciets / mīksts

tung / lätt

smags / viegls

hunger / törst

izsalkums / slāpes

sjuk / frisk

slims / vesels

olaglig / laglig

nelegāls / legāls

intelligent / dum

inteliģents / dumjš

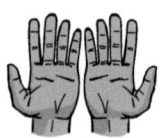

vänster / höger

kreisais / labais

nära / långt bort

tuvu / tālu

ny / begagnad

jauns / lietots

inget / något

nekas / kaut kas

gammal / ung

vecs / jauns

på / av

ieslēgts / izslēgts

öppen / stängd

atvērts / slēgts

tyst / högljudd

kluss / skaļš

rik / fattig

bagāts / nabags

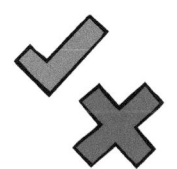

rätt / fel

pareizi / nepareizi

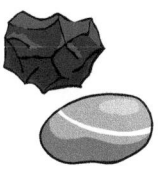

grov / slät

raupjš / gluds

ledsen / glad

noskumis / laimīgs

kort / lång

īss / garš

långsam / snabb

lēns / ātrs

våt / torr

slapjš / sauss

varm / sval

silts / vēss

krig / fred

karš / miers

0

noll

nulle

1

ett

viens

2

två

divi

3

tre

trīs

4

fyra

četri

5

fem

pieci

6

sex

seši

7

sju

septiņi

8

åtta

astoņi

9

nio

deviņi

10

tio

desmit

11

elva

vienpadsmit

12
tolv
divpadsmit

13
tretton
trīspadsmit

14
fjorton
četrpadsmit

15
femton
piecpadsmit

16
sexton
sešpadsmit

17
sjutton
septiņpadsmit

18
arton
astoņpadsmit

19
nitton
deviņpadsmit

20
tjugo
divdesmit

100
hundra
simts

1.000
tusen
tūkstotis

1.000.000
miljon
miljons

engelska

angļu

amerikansk engelska

amerikāņu angļu

kinesisk mandarin

ķīniešu mandarīnu valoda

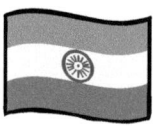

hindi

hindi

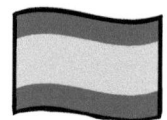

spanska

spāņu

franska

franču

arabiska

arābu

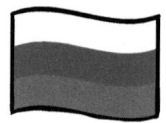

ryska

krievu

portugisiska

portugāļu

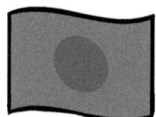

bengali

bengāļu

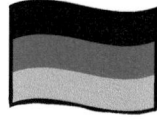

tyska

vācu

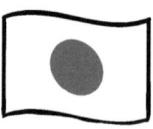

japanska

japāņu

jag
....
es

du
....
tu

♂ ♀ ○

han / hon / den (det)
....
viņš / viņa

vi
....
mēs

ni
....
jūs

de
....
viņi / viņas

vem?
....
kas?

vad?
....
ko?

hur?
....
kā?

var?
....
kur?

när?
....
kad?

HELLO, I AM

namn
....
vārds

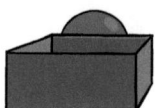

bakom

aiz

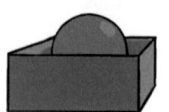

i

iekšā

framför

priekšā

över

virs

på

uz

under

zem

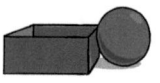

bredvid

blakus

mellan

starp

plats

vieta